JN439638

우연의 그림 앞에서

우연의 그림 앞에서

금동원 시집

계간문예

| 시인의 말 |

시가 내게 손을 내밀고 말을 걸어옵니다.

무슨 말일까 궁금하여 귀를 쫑긋 세웠습니다.

(당신을 오랫동안 말없이 껴안습니다.

아주 오랫동안 말없이 끄덕입니다.

우리는 서로가 서로에게 무엇을 원하는지 새삼 알아버렸습니다.

까무라치거나 죽기 밖에 더 하겠습니까)

다시 시작詩作하고 싶습니다.

좋은 시를 쓰고 싶다는 열망이 클수록 한 걸음도 뗄 수 없는 마법에 걸린 듯 가야 할 길은 한없이 아득하고 황량하기만 합니다.

아무도 시를 읽지 않는다는 시대에도 변함없는 신뢰와 격려로 묵묵히 나의 시를 읽어주는 모든 독자께 이 시집을 바칩니다.

정중하게 옷깃을 여미고 사랑을 전합니다.

2015년 10월

금동원

차례

제2부

제3부

제4부

1부

시詩

시를 쓰면 버려라 어느 시인의 말처럼
자꾸 자꾸 버리라는 그 말이
시 쓰는 게 신나야지 왼 종일 벌서듯 힘들면
쓰지 말아야 한다는 그 말이
시는 가슴에서 솟구쳐 뿜어대야지 머리를 쥐어짠다고
써지는 게 아니라는 그 말이

시가 뭔지 알기나 하는지
시, 제대로 쓰고나 있는지
시를 왜 쓰고 있는지
목숨 내놓고 쓴다는 게 뭔지 겁먹어는 봤는지

밑천이 바닥난 장사치처럼
본전도 못 건지고 이미 너덜너덜 거덜 난 것은 아닌지
껄렁하게 목청만 돋우는 건달패처럼
이리오고 저리가고 우르르 와장창 소란스럽기만 하고

인물값 하는 시도 없지만
몸값 하는 시도 없는 것을 보면

평생 번듯한 시 하나 쓰기는 그른 것도 같다
소원이라고 다 이루어지는 것은 절대 아닌 것이다

사막에 가자

그리움을 만나러 가자
지난 것들에 대한 목소리를 듣고
잃어버린 가슴을 찾아
엉켜버린 실타래의 마음 길을 풀어
힘겹게 엮어놓은 나의 역사를 위해
새로 만든 이정표를 찾아 사막에 가자

외로움을 묻으러 가자
눈 깜짝할 새 사라져버리는 신기루처럼
다가갈수록
멀어져가는
혼돈과 무질서의 근원을 버리고
사랑으로 읽히는 별의 길을 따라
다시 사막에서 만나자

어느새 모습을 바꾼 내 안의 나
바람아 쓸어가라
방향을 잃고 흔들리는 방
욕망을 날리고 온전히 떠나자

죽은 사유와 썩은 의지를 버리고
텅 빈 사막에서 다시 시작하자

8월의 노래

너는 매미고 나는 시인이다
온전한 목소리로 속삭이기엔
고통이 너무 큰 기다림이었기에
나는 너를 이해할 수 있다

아득한 세월을 품어온 너의 핏빛 울음이
가도 가도 끝이 없는 나의 노래가
똑같은 이름표를 단 뜨거운 가슴이라는 것

처절하고 간절하게
뜨겁고 눈물겨운 우리들의 노래
깊은 곳에서 갓 퍼 올린 듯
신선하고 맑았으면, 이 노래가

혼절할 듯 온몸을 던져 몰아쉬는 숨소리
텅 빈 껍데기로 쌓여가는 우리들의 8월이 지나간다
노래는 늘 어렵고
시는 언제나 깊은 강 저편에 있다

내 안의 조르바*

우리는 모두 조르바가 되자고 했다
마음이 움직이는 대로
가슴이 느끼는 대로
고여 있던 오감을 깨우고
용기가 필요한 영혼의 침묵을 깨워
고귀하게 사뿐히 날아오르는 나비처럼
날아보자고 했다

너는 너의 길을 가고
나는 나의 길을 가고

세상은 서툴고 낯선 오해와 오답 투성이
상처받아 흘렸던 피눈물과
다시는 생겨나지도 사라지지도 않을 마음의 흉터들
누가 내 눈빛의 정직함을 읽어 줄 것인가
모든 것은 때가 있는 법
자유라는 이름으로 자유하지 못하는 우리
기다려야하는 조급함과 날아오르지 못할 불안함으로
끝내 뛰어 내리지 못한 번지점프처럼

우리는 다시 어색한 생으로 돌아가야 한다

너는 너 뜻대로 살고
나는 내 뜻대로 살고

몽골 어느 초원에서 말 타던 이방인의 추파를
누군가는 설렘이라 말하고
어떤 이는 길 떠나는 나그네처럼 신발 끈을 다시 묶고 있지만
막다른 골목의 막막한 어둠을 뚫고
우리는 새벽을 여는 한줄기 빛으로 세상과 마주해야 한다

조르바, 그대의 산투리 소리가 듣고 싶다
뻥 뚫려 숨 쉴 것 같은 호탕한 웃음소리를
지금 우리가 바라보는 또렷한 의지는 자유인가
어제와 내일을 잘라내고 오늘만이 존재한다는 확신,
지금 이 순간 우리는 자유한 것인가

포도주가 사랑이 되고 성체가 되는
'메토이소노', '거룩하게 되기'

우리 모두 춤추자
무릎을 굽혔다 튕기고 팔을 돌렸다 꺾으며
조르바, 너는 자유 했냐고, 그래서 후회가 없는 거냐고
악마나 물어가라고 할까...
손뼉을 치며 우리는 웃을 것이다.
울음소리를 닮은 그래서 정직했던 마지막 포효

우리가 꿈꾸는 영혼의 자유는
두려움 없는 용기와 지금 이 순간, 여기!
아직 많이 늦지는 않았으리.

---

*조르바: 니코스 카잔차키스의 〈그리스인 조르바〉의 주인공 이름이다

변화의 뜻

신호등 앞 건널목으로 위태롭게 걸어오는
너는 누구냐
뒤뚱 뒤뚱 가냘픈 다리에 온 몸을 의지한 채
날 수 있었던 습성은 어디로,
보도블록 틈에 떨어진 썩은 먹이를 찾아
풍선처럼 부풀어있는 몸은 이미 과체중이다

최초의 본질은 사라진 꿈처럼 아득하고
불길하고 무거운 회색빛 우울
공허의 무게를 이기지 못해 곧 무너질 미래
변화하고 황량한 거리
내가 누구였는지 궁금해 할 틈이 없다

자유와 평화라는 퇴락한 상징,
삶의 짐을 내려놓고
치욕과 패배의 무게를 덜어내고
날렵하고 날카로운 위엄을 되찾고 싶지만
더 이상 변화와 희망의 뜻으로 불리지 않는다

더러운 도시의 뒷골목을 헤집는
버려진 무법자
골치 덩이의 오염에 찌든 생명체
탑골 공원에 가면 친구들을 만날 수 있다
한 때는 푸른 시절의 꿈을 싣고 날았던
날개 꺾인 백발의 비둘기들

내가 살 곳은 저 높고 푸른 하늘
의심하지 말자
눈물 흘리지 말자
쪼그리고 앉아 일어 설 줄 모르는

허리를 세우고 어깨를 펴고
두 팔 힘껏 펼쳐 껑충 뛰어 올라
아, 난다, 날고 있다
드디어 유유히 날아오르고 있다

재생의 밤

탄력을 잃어버린 꿈
윤기와 혈색이 사라진 창백한 희망
잡티와 잔주름으로 칙칙해진 감각
노화가 시작된 쪼글쪼글 때가 낀 뇌
안티 에이징, 링클의 처방이 필요하다

몇 개의 선으로 연결된 단조로운 삶은
동선을 오가며 반복을 반복하고
너덜너덜하게 분절된 의식의 조각들은
불안정한 욕망들과 얽혀 부표처럼 떠돌고

머릿속엔 그 어떤 조작의 흔적도 남아 있지 않다
선택도 결론도
조바심으로 가득한 의도된 판단의 장치들도
재기불능은 아니겠지
두 손 번쩍 들고 투항하려한다

다시 머릿속이 아름다워지는 꿈
촉촉하게 물기 머금은 상상력으로

튕겨오를 듯 탱탱하고 싱그러운 재생을 꿈꾸며
오늘도 바람소리에 잠이 든다

진심이라는 말은 진짜 진심일까

"진심입니다"
보여 줄 수 없는 진짜 마음
미치고 환장할 노릇입니다
정말 참 마음이거든요

믿어주십시오.
(무엇으로 형태를 만들까)
진심입니다
(어떻게 물질화 할까)

판도라의 상자처럼 침묵이 천기누설 되는 순간,

임기응변 같기도 하고
내 탓 같기도 하고
네 탓 같기도 한
날씨 탓 같기도 하고
잡생각 같기도 한
무기로 쓰이기도 하고
오해로 쓰이는 것 같기도 한

고백에 대하여* 하나
— 시인의 말

첫 시집을 내고 나는 시인의 말에 이렇게 썼다
'부끄러움이 클수록 용기가 커져야 함을 알기에...
사람에게서 사랑을 배운 것처럼 언어로서 삶을 이야기함에 망설이지 않겠습니다. 고백이라는 단어를 부끄러워하지 않으렵니다.
시가 나를 이해하고 따뜻하게 받아주었듯이
나 역시 시를 위해 평생을 뜨거워하리라 약속합니다.'

두 번째 시집을 내고 나는 염치없이 실없이 흘끔대며 세월만 누리고 살았다.
직무유기와 방기에 해당할 것이다

세 번째 시집을 내면서 나는 시인의 말을 이렇게 쓸 것이다
'당신을 오랫동안 말없이 껴안습니다.
아주 오랫동안 말없이 끄덕입니다.
우리는 서로가 서로에게 무엇을 원하는지 새삼 알아버렸습니다. 까무러치거나 죽기 밖에 더 하겠습니까
다시 시작詩作하고 싶습니다.'

고백에 대하여* 둘

— 시작노트

스무 살로 다시 돌아 갈 수 있다면 가장 먼저 할 일은 당연히 시를 쓰는 일이다. 그리고 그때 쓴 시를 지금의 눈으로 다시 읽어보는 것이다. 피눈물에 젖어 분서갱유처럼 불태워버린, 청춘만큼 뜨거웠던 나의 시작노트도 돌려받을 것이다. 피 같은 살 같은 미지의 처녀막 같은 내 시작노트를 다시 되찾을 것이다. 스스로에 의해 저질러진 무모한 충동과 자해적 파괴, 몰래 숨겨놓은 사생아처럼 더럽고 불안하고 불편했던 청춘. 나를 일으켜 세우지 못한 채 시간이란 굴레는 아무 일도 없었던 듯 흘러가고 결과는 참패, 삶이란 그리 특별할 것도 대단하게 신비로울 것도 없는 흘러가는 강물처럼, 지금 누군가 내게 한 가지 소원을 말하라면 바로 그 젊은 날의 비릿한 풋내와 살구빛 홍조로 가득했던 연두빛 시작노트를 태우기 직전으로 돌아가는 것이다. 간절하게 열망하며 빌고 또 빌며 돌아가 보고 싶은 것이다

고백에 대하여* 셋
— 습작으로 시집을 만든 죄

철없고 무지하기가 효심 하나로 겁 없이 인당수에 뛰어든 심청이 같았구나.
옳거니, 안 쓰는 시보다야 천만 번 잘하는 일인 줄 알고
고사 지내듯 넙죽 엎어져 시랍시고 쓰더니 습작인지 시인지도 분간 못하는
심청아비 심학도처럼 눈먼 장님이었구나
습작으로 시집을 만든 죄
곤장으로 죽도록 맞아 장독이 올라도 할 말 없을 죄
평생 두 발에 족쇄가 될 줄을 그 때는 몰랐겠지
제 이름으로 시집 하나 내었으니 얼마나 좋았을꼬
천하를 다 얻은 듯 눈이 뒤집혀 세상이 온통 네 것 같기도 했겠구나
시인이 시 못 쓰면 사람 노릇 못하는 거라는데
맨발로 딛는 가시덤불 피고름 흐르는 천형이 되어 살고 죽고
시가 뭐 길래, 도대체 시 너 뭐꼬
오늘도 뜬 눈으로 밤새 또 되지도 않는 습작만 만들고 있다

고백에 대하여* 넷

— 시를 위한 연가

항상 소년 같은 그대에게
처음 그대를 보고 어찌나 놀랐는지 모를 겁니다
내 첫사랑이 눈앞에 서 있었기 때문입니다
모습은 기억의 오류 안에 갇혔으나
따뜻한 눈빛과 살짝 수줍은 그 미소는 얼마나 닮았던 지요
깜짝 놀라 숨은 마음 뒤로 솟구치던 설렘은 또 무엇인가요
그리움이라 말하기에는
사랑이라 말하기에는
아픔이라 말하기에는
안타까움이라 말하기에는
… …

너무나 오랜 시간이 흘러 버렸습니다
마음이 되돌아가기에도 너무나 먼 길을 와 버렸습니다
기억의 향기는 온기처럼 남아
소소하고 아련한 떨림이 모두 살아나고
찻집의 풍경은 오롯하게 생생하게
혼재된 상상이 만든 한 편의 시처럼 소설처럼
사실보다 사실 아님이 진실인지도 모르겠습니다

무슨 상관있을까요,
지나간 것은 지나간 것이니
… …

어쩌면 아무 것도 없는 텅 빈 공간인지도 모릅니다
모든 것이 처음이던 수줍음
모든 것이 처음이던 투명함
모든 것이 처음이던 경건함
항상 소년 같은 그대에게 묻습니다
늘 그렇게 남아 있을 수 있겠습니까
세월은 바람으로 또 우리를 스치고 지나가겠지만 말입니다

타인의 방

나 아닌 것은 모두 너다
조심스레 다가가보지만
비무장 지대의 지뢰밭을 딛는 공포의 거리만큼
넘을 수 없는 산
건널 수 없는 강

내가 네가 될 수 없고 네가 내가 될 수 없는 것은
표정 없는 침묵 때문이다
너만의 침상에 누워
밖에서는 절대 열 수 없는 무한철벽鐵壁
마음의 퍼즐을 맞추지 못하면 절대 열리지 않는 문
너는 누구냐

눈빛은 눈빛을 응시하지 못하고
시선은 늘 허공, 밖을 향해 언제든지 발포 가능한
가장 날카로운 의심과 의문의 부호들로 위기일발 총알은 장전 완료
페이스북, 인스타그램, 트위터, 블로그, 카스토리, 로그인과 친구수락,

비밀번호와 공인인증서 암호를 해독하는 날
관음觀陰의 문은 자동적으로 열리리라

지하철 환승역에서

스크린도어 문이 열리자마자
질식과 구토의 표정들이 뱉어놓은
한숨소리로 비루한 생의 길바닥은 순식간에 흥건해진다
우리 인간이거든

웅크린 저들의 회색빛 의지는
스마트 폰의 불빛에 모든 자존을 바치고
살갗이 부딪는 촉감에
흠칫 놀라지만 다음 역이면 조각조각 분리될 조립품이다
우리 기계잖아

백태 낀 동공은 잃어버린 꿈을 이야기하고
산소와 이산화탄소의 기호를 함께 섞어 마시지만
소음처럼 부딪치는 말들과 슬픈
고독의 발자국 소리를 구별해 내지 못한다

식육의 본능으로 질주하는 시간의 쳇바퀴는
일상의 속도에 맞춰 출발점과 도착점에
기막히게 사열하고

무표정과 무료함의 환승카드를 찍은 인간기계들은
스크린 도어 문안으로 순식간에 다시 휩쓸려 들어간다

주사위 놀이

우연으로 가득한 공간을 향해 운명을
하늘 높이 집어 던진다

삶의 협소한 공간에서
선택은 일에서 육까지가 전부
아직 남아 있을지 모르는 행운을 위해

기도하고
소비하고
오열하고
들리는 건 환호와 탄식소리 뿐이다

기적은 없다
모두 무효다
다시 시작해야 한다

나를 안아 주세요

이 몹쓸 기분 견딜 수 없어
품속으로 안겨드는 햇살이 버거워요
무거운 커튼처럼
이 순간 잠시 나를 안아주기만 하면 돼요
정말 최선을 다해 빠르게 빨리
찐득하게 달라붙네요, 우울은
엉엉 울고 싶어요, 지금은, 우울은,
어디서 왜 왔는지 설명해드릴 수 없지만
한 번도 가본 적 없는 회색빛 늪에 휩싸인 듯
아득하고 어두운 거기, 심연의 핏빛자리
너무 깊어 퍼낼 수가 없는 그 곳,
그냥 새빨갛게 울게 내버려 두세요
저 멀리 석양빛 따라 그득하게 고인 눈물도
좀, 모른 척 해주세요
가만히 나를 안아주기만 하세요
아무 말 없이 깊이 안아주기만 하세요

쓸쓸하다

친구가 쓸쓸하다고 말한다
나도 쓸쓸하다고 말했다
입맛이 사라져 볼 살이 빠진 친구
달콤한 것이 불붙듯 당겨 배 살이 찐 나
누구의 쓸쓸함이 더 무거웠을까
어떤 발걸음이 더 허전했을까
답은 있었을 텐데 분명히
모른 척 하기로 했다
계절의 틈새로 들어온 시간의 숨구멍을
메꾸려는 노력은 이제 하지 않을 것이다
그것은 구멍이 아니라
본질에 닿아있는 고통 혹은 슬픔이라는 걸
알고도 찾아 가지 못하는 외로움의 거리라는 걸
'쓸쓸하다' 를 열 번만 읊조리면
뭐가 쓸쓸한 것인지 모르게 되고
'쓸쓸하다' 를 백번만 읊으면
쓸쓸하다는 생각을 잊어버린다
쓸쓸하다, 쓸쓸하다, 쓸쓸하다...
모호해지는 감정의 답을 알아내기 위해
나는 계속 쓸쓸하게 읊조리며 걷고 있다

우연의 그림 앞에서

오, 설레는 예감
우리는 아주 까마득한 억겁 년 전
아마도 어깨를 스치며 바람처럼 무심코
초점 없는 눈빛을 섞고 지나쳤던 것인지도 몰라

다른 공간의 다른 시간에서
같은 공간의 같은 시간에서
다른 공간의 같은 시간에서
같은 공간의 다른 시간에서

윤회의 바퀴를 멈추고 시간이 웃은 오늘,
우연이란 이름으로 퍼즐을 맞출 때
그 날이 떠오르고
그 곳이 생각나고
선명한 향기로 남은 기억의 빛깔
우리는 분명 알 수 없는 그날 그곳에 함께 있었던 거지

사랑, 그 날

심장마비
심폐소생술도 소용없는 경화
심장은 사라진지 오래다
시뻘건 핏덩이가 요란스럽게
온 몸의 혈관을 돌며 벌떡벌떡 뛰는 날

설렘설렘설렘
두근두근두근
쿵쾅쿵쾅쿵쾅
울렁울렁울렁
저릿저릿짜릿

사화산으로 굳어버린 분화구
안전하게 잿빛으로 변해
돌아오지 않는 나의 피여
가슴으로 솟구치는 뜨거운 불덩이
다시 피가 뜨거워지는 그 날
가슴 뛰는 그날이 오면

수줍은 사랑의 키스를
견고한 포옹의 그 안락함을
폭발할 듯 위태로운 수류탄 열정,
온 사방 뻗어 나가던 장미빛 절규
인공호흡의 숨결로라도
그 날이 다시 돌아온다면
잃어버렸던 가슴을 찾을 수만 있다면

웃음의 농도

우리는 도란도란 모여 앉았습니다
마주보는 눈빛에는 서로에 대한 축복이
살짝 넘치게 술잔을 채우고
쨍그랑하는 소리를 듣고 웃습니다
무엇을, 누구를, 무엇이든 상관없는 이 순간을
위하여
웃음소리가 공간을 채우고
이야기는 둥둥 떠다닙니다
가만히 하늘을 올려다보니
별이 쏟아질 듯 아니 쏟아져서 이미
술잔 속으로 가슴 안으로 웃음과 섞여
오래전에 잊었던 설렘을 펴내고 있습니다

웃음의 농도는 점점 짙어가고
우리들은 살짝 취해가고
세상은 조금씩 아름답게 보이고
밤은 점점 우리 곁을 떠나려합니다
고개를 푹 숙인 채
어떤 이야기를 듣고 문득 침묵해도
비틀즈는 여전히 어제처럼 레잇비(let it be)를 노래하고

쨍그랑 쨍그랑, 수만 번의 건배와 위하여를 위하여
오늘밤이 좋습니다

불타버린 청춘이 남긴 낙엽 향기도
고뇌에 찼던 시간의 애매함도
사라지고 말 것을 아는 우리들의 지금과
흔들리는 촛불과
무심히 곁을 지켜주는 바람,
모두 사랑하고 싶은 이 뜨거운 정체는
뭉클함, 그 감격스런 담백함은 짜지 않아 좋습니다

흘러가는 시간의 향기가
살짝 잡았다 놓아준 '이 순간' 의 감촉이
온몸으로 퍼지며 실핏줄 사이를 헤집고 다닙니다
웃음이 배어나옵니다
깊은 진액의 진한 원액
오늘밤 웃음의 농도는 참 마음에 듭니다
아주 진합니다

번개와 천둥

출발은 같았으나
셈법은 각각 달랐다

순식간에 베어버리는
날렵한 협객의 칼날처럼
번쩍!
돈오돈수頓悟頓修*

정신이 번쩍 뜨이게
내던져놓은 뜻
통곡소리!
돈오점수頓悟漸修*

여보게, 우리 손 맞잡고 함께 가지 않겠나
정혜쌍수定慧雙修*

---

*돈오돈수頓悟頓修:일시에 깨치고 더 닦을 것이 없이 공행을 다 이루는 것

*돈오점수頓悟漸修:단번에 진리를 깨친 뒤 번뇌와 습기를 차차 소멸시켜가는 것

*정혜쌍수定慧雙修: 선정禪定과 지혜를 함께 닦는 일.

동행 1

— 사려니 숲길에서

나란히 걸어가는 숲길은 사려깊다
웃음과 웃음이 섞여 따뜻하고
가슴에 새겨지는 반짝이는 별빛

눈으로 웃고
마음으로 보면
사람 냄새 가득한 재잘거림이 종소리 같고

너와 내가 사라진 공간에는
우리라는 이름의 친구가 생겨
소박하게 터벅터벅 맑고 향기롭게
홀로 걷는다 해도 이 길 외롭지 않다

동행 2

— 장애인 안내견

“다음에 내리실 역은 급행열차로 갈아타실 수 있는 환승역입니다.”
누가 먼저 안내방송을 들었던 것일까
침착하고 차분하게 서로의 손을 잡고 서있는
풍경이 아름답다

스르르 전철 문이 열리자 여섯 개의 발이 동시에 걸어 나간다
모두들 넋이 빠져 교차하는 아수라장의 번잡함 속에서
두 주인공만이 정지된 듯
고요하게
아주 우아하고 당당하게
익숙한 리듬으로 슬로우 퀵퀵,
춤을 추 듯
네 개의 발과 두 개의 발이
서로의 박자에 맞춰 맞은 편 전철 안으로 사라져간다

오랫동안 믿고 교감해온 익숙한 호흡
잠시 꿈속에 있었던 듯
별빛 밝은 은하수를 따라 어디론가 미끄러져 가고 있는 듯

충만하고 눈부신 청정함으로 지하철 환승역의 탁한 공기를 맑게 순환시켜 놓고 기차는 출발했다

되돌이표

저녁노을로 변해가던 햇살이
무지갯빛 공중돌기, 찰나의 마법으로
돌고 돌아 되돌이표 찍는 하루가 완성되면

거북이 등껍질처럼 갈라져 있던 갯벌이
발효된 밀반죽의 질감으로 부풀어 오르고
찰진 바다의 비밀스런 탄력이 고개를 든다

소소한 일상들이 소리 없이 튕겨 오르고
음양오행의 원리가 손금처럼 얽혀
순환하는 강화도에서

의미를 부여하며
본질은 그대로
가치 있는 삶이 돌아오는 시간

반복이, 반복하며, 또 반복을 낳고
해와 달 그리고 별과 꿈
우리는 우주의 한 가운데 서 있다

2부

나의 죽음은 어디쯤 와 있는가

죽음이 너무 가깝다
편의점처럼 넘쳐나는 장례식장과
발에 채이듯 넘쳐나는 시신들
슬픔 없이 고인의 명복을 빌고
부의금의 액수로 정해진 죽음의 무게
나는 무엇을 위해 지금 숨 쉬고 있을까

벽에 걸린 죽음을 구경하고
책에 쓰인 죽음을 읽어가고
유행가처럼 들려주는 흔한 애도의 노래와
영화 세트장처럼 비현실적인 죽음의 현장들
삶 속에서 함께 호흡하는 죽음은 오롯한 생명체
나의 죽음은 어디쯤 와 있는 것일까

소낙비처럼
함박눈처럼
일기예보를 알려주듯
새벽에 눈비비면 떠오르는 죽음 속보
인터넷의 검색어로 매일매일 떠오르는 죽음

잠시 슬퍼하고
미친 듯 동요하고 연속극처럼 휩쓸리다가 곧
잊혀져버리는 죽음들

나의 죽음은 지금 어디까지 와 있을까
어디쯤에서 나를 지켜보며
어떤 방법으로 나를 만나
슬픔을 전달하고 아주
담백하게 깔끔하게
나를 데려갈 가장 알맞은 길목을 찾아
기다리고 있는 것일까

죽음도 삶만큼 숨 돌릴 틈 없으나
살아 있는 지금은 아름다운 것임을
먼 훗날 그 언젠가
우아하고 거룩한 손짓으로
살며시 내 어깨에 손 얹는 날
나의 죽음과 화해하고 활짝 웃으며 따라가리라

생명 각서

친정아버지 제삿날 사남매를 불러 앉힌 우리 엄마
사법서사에 가서 공증을 받아두었노라 말씀하시는 우리 엄마
문서 한 장을 턱 내밀고는
연설문처럼 큰소리로 읽기 시작하는 우리엄마

"나는 어떤 위급사항이 와도 결코 살기위해 코 줄을 달지 않겠습니다.
어떠한 인위적인 의료행위도 하지 말도록 지시합니다.
그저 고통을 느끼는 목숨의 순리를 그대로 받아들이며 죽겠습니다.
내가 온전하게 생각하고 느끼고 말할 수 있는 지금 이 글을 남깁니다.
000년 00월 00일 이순희 자필서명"

삐뚤빼뚤 떨리는 손으로 쓰셨을까
글씨는 이리저리 균형을 잃고 흔들렸지만
또박또박 의지에 찬 필체에는 강한 힘이 느껴지고
두려움 없는 마음으로

내 죽음은 내가 알아서 하겠노라는 듯
그 누구의 도움도 없이 내 힘으로 가겠노라 하시는 듯
혼자 왔다 혼자 돌아 갈 나의 바다가 아니더냐 하시는 듯
뿌리 깊은 느티나무 같다, 우리엄마

수면 내시경

하아나… 겨우 세고, 두울우ㄹㄹ…
몸과 마음의 모호한 경계에서 나는 사라졌다

위속은 소형 카메라가 달린 가느다란 기계가 유유히 밀고
들어와
태연한 의사는 능수능란한 컴퓨터 게임을 시작하고
나 모르게 발견하고
나 모르게 떼어내고
뒤적거리고 훑어내고
삽입, 복사, 에러, 재부팅, 아웃, 삭제, 백업…

그만 깨어나세요
내 삶 속에서 지워진 한 조각의 사유
나는 어디에 있었던 것일까
한 덩어리 실험실용 동물에 불과했던
초급 코스 인체의 신비 게임에 불과했던
생명의 기억이라곤 털끝만치도 없는
6만원*으로 스스로 선택한 길이다

---

*수면내시경은 6만원의 추가비용으로 선택할 수 있다

이용수* 내 이름을 아십니까?

나는 위안부가 아닙니다
나는 조선의 딸 이용수입니다
열여섯 살 소녀였습니다
내 힘과 의지로 할 수 있는 게 무엇이 있었을까요
차라리 두려움과 공포보다 죽음을 먼저 알았더라면
300명의 군인과 5명의 소녀를 태운 트럭은 어디론가 떠나고
대만으로 끌려가 강간당하고
죽음은 너무 멀어 몸부림치면 칠수록
전기고문과 폭행, 감금과 윤간, 짐승보다 더러운
만행을 이겨내기에 나는 너무 어렸습니다
나는 누구입니까
알고 싶지도 알 수도 없습니다
석고처럼 피떡 져 죽은 심장으로 87살의 내가 여기에 있습니다
전쟁이 끝나고 집으로 돌아와 47년을 숨 쉬며 죽어있는 내가 여기에 있습니다
마음의 피고름과 썩은 피는 몸 구석구석을 징그럽게 쓰다듬고 만신창이의 세월은 털어내고 헹궈내도 뽀송하게 마르지가 않습니다

나는 무엇입니까

나는 어디로 가고 있습니까

나는 어디를 보고 있습니까

먼저 떠난 원혼들의 통곡소리가 들립니다

그들의 갈기갈기 찢겨 썩지 못한 살점들이 검은 강물 위를 둥둥 떠다닙니다

나는 두 눈 부릅뜨고 죽어야 합니다

눈감고는 도저히 죽을 수 없는 이 원통한 설움과 참혹을

진실은 진심이여야 합니다

진심으로 진실이여야 합니다

역사는 정직 안에서 역사여야 합니다

과거는 과거사가 아니라

거짓된 진실로 눈 멀어있는 지금, 죽지 않은 현대사로 살려 놓아야 합니다

나는 곧 죽습니다

그러나 나는 죽지 못합니다

결코 이렇게 죽을 수 없습니다

우리는 위안부가 아닙니다

우리는 모두 열여섯 살 꽃다운 이용수였습니다

오늘도 52명의 이용수는 마지막 유언처럼 말합니다
"미안합니다. 잘못했습니다. 용서해주십시오."
무릎을 꿇고 진심을 담아 사력을 다한 사과 한마디면 됩니다
우리들이 제발 편히 눈을 감고 죽을 수 있게 해주십시오

*이용수: 2015년 5월28일 현재 생존 할머니 52명 중에 한 분이다

호상好喪

호상이요! 호상이요!
이틀 밤 삼일 낮 동안
노래만 안 불렀다 뿐
호상을 축하해, 호상을 축하해
아흔 다섯에 세상을 뜨신 어느 선배의 시아버지 장례식장은
유명 가수의 콘서트 장처럼 소란스럽다

백세 시대에 접어든 21세기는
백 이십 세 보험이 등장했지만
백세를 채우고 이승을 떠나기는 아직은
하늘의 별따기,
우리는 구십을 넘기고 죽은 목숨들을
호상이라 부른다

백세의 욕망은 하늘을 찌르지만
백세가 다가올수록 축복은 반전 아이러니
죽음과 삶의 끝자락을 양손에 붙들고
팽팽한 힘겨루기의 마지막 한판
저승 가는 날 날짜나 까먹지 말기를

어떻게 죽으면 호상인가
수술이다 병원비다 제집처럼 병원놀이 안하고
요양원이다, 요양급수다, 치매다 자식들 애 안 먹이고
스르르 잠자듯 이 세상 뜨면
자식 얼굴엔 아쉬움과 그리움의 홀가분한 슬픔이 드리워질까

어느 날, 나도 호상으로 죽을 수 있을까
결혼식 피로연처럼 시끌벅적하게
영정사진은 무슨 생각을 하고 있을지 아무도 몰라
세상은 백세를 타고 이백세도 살 양으로 의기양양한데
백세 넘어 죽을 목숨들
호상이요에서 재앙이요 소리만 안 들어도 다행일 텐데
오늘도 호상이 넘친다

방생放生

식구들은 토스터에 구워진 빵으로 배를 채운다
쌀은 왕따 당한 외톨이처럼 남아돌아
오늘도 밥통 속에서 혼자 찬밥 신세다

빵만 먹는 외로운 세상이 싫어
쌀도 새 식구를 허락 없이 들여왔다
새까맣고 통통하게 살이 오른 바구미들

물에 헹궈 밥을 할까
방아를 찧어 떡을 할까
속 좁고 치사한 욕망이 끓어오르고

먹지도 않던 밥을 네놈들이 먹어 치우니
배가 살살 아파
갑자기 빼앗고 싶다

모름지기 살아있는 생명은 어려운 법
쌀 씻을 때 떠오르는 까만 떼죽음이 싫어
햇살 좋은 앞마당에 신문지를 펴놓고

알아서 제 각각 갈 길 떠나거라

군식구 내 보내듯 홀가분한 이별도 잠시
어느새 사라지고 흰쌀만 덩그러니
방생했다 싶었는데
생각해보니 양식 없는 길바닥으로 내친 꼴이 되었다

바벨탑의 후예들

프랑스에는 오르톨랑* 요리가 있습니다
프랑스의 영혼을 구현하는 맛이라는데
무화과를 먹여 살을 찌운 뒤
참새만한 촉새의 눈알을 뽑고
프랑스 고급 사과브랜디
아르마냑에 풍덩 익사시키면 되지요
침 질질 흘리며 입맛을 쩝쩝!

먹는 방법은 더 가관입니다
하얀 냅킨을 머리에 뒤집어쓰고
멍청한 신神이
오르톨랑 먹는 기막히게 잔인한
풍경을 보지 못하게 하기 위해서
눈알 가리고 아웅!

사람은 정말 위대한 짐승 아닙니까
신을 만든 것도
신을 무너뜨리는 것도
우리가 하는 헛짓 중에 하나잖아요
인간이란 이름으로

우리가 할 수 없는 건 이 세상에 없는 걸로

신이 모르게 먹는 맛,
신을 속이고 먹는 맛,
뼈와 살을 한꺼번에 먹다보면
맛의 신세계에 빠진다는
이 새는 심각한 멸종위기
잠시 후 품절 임박

캠페인, 캠페인, 캠페인,
"어차피 먹고 살자고 하는 일인데 뭘 그래요

멸종시키자는 게 아닙니다
아름다운 미식 전통을 유지하자는 것뿐입니다."
곧 바벨탑이 무너질 예정입니다
아, 정말 징글징글한 인간들입니다

---

*오르톨랑: 촉새의 일종,
프랑스에서 한해 3만여 마리가 소비되며 암거래는 한 마리에 한화 20만원 정도 한다고 한다.

싫다*

배가 기울어 요동치는 순간에도
구명조끼를 입은 아이들은 웃고 있었다
너무 큰 공포와 두려움을 떨쳐보려고
'어! 이러다 우리 진짜 죽는 거 아니야' 면서

우리들의 죄를
어른이라는 이름으로 저지른
무지막지한 이 참혹의 순간을 어떻게
무엇으로 갚을 수 있을 것인가

바다는 너무 깊고 멀다
바람은 소스라치게 놀라 요동치고
하늘은 온통 통곡소리로 가득했지만
우리들의 기도와 희망을 끝낼 수 없다

기지개를 펴고 이제 막 하늘을 보기 시작했을
꿈을 꾸며 이제 막 내 딛기 시작했을 발걸음을
시끌벅적 새콤달콤 풀내 벗은 어린 나무들의
연한 살갗과 연둣빛 웃음을 포기할 수 없다

싫어도 해야 하는 이별이 싫다
쇠로 만든 갑옷처럼 무겁고 답답한
숨 막히게 처절한 슬픔의 무게
그러나 이제 우리는 이별해야한다

너무 무섭고 힘들었을 아이들을 위해서
이제 마음껏 숨 쉬며 날아가도록 놔줘야한다
새파란 하늘과 따뜻한 햇살 속으로
하얀 뭉게구름과 보드라운 바람 속으로

맑고 화창한 봄날
한 잎의 단단한 새싹으로
한 송이 영롱한 꽃으로 피어나고

한 그루 늠름한 나무로 자라나서
부끄러운 우리 곁에 늘 함께 있기로 하자

---

* 세월 호에 희생당한 261명 단원고 학생들을 추모하며

배달천국

우리나라는 배달 천국이다
심야에도 대낮에도 언제 어디서나
무엇이든 전화만 해주시면 만사형통

교통사고 현장으로 몰려드는 견인차의 행렬들
죽음은 순식간에 시장터의 활기로 뒤죽박죽
시체는 선착순으로, 발에 땀나게, 장례식 영업장으로 배달된다
경쟁적인 애도와 조문객을 위한 완벽한 친절봉사
옮겨진 모든 죽음의 메뉴는 값이 매겨진 채
간이영수증으로 계산되어 납품 된다

우리들의 통곡이 잦아들기 전에
우리들의 임종 이야기가 끝나기 전에
우리들의 슬픔이 지치기 전에
우리들이 모두 제 정신을 차리기 전에

시아버지 제사

오늘은 시아버지가 오시는 날이다

아버님 오셨습니까
맏며느리 효준 어미는 오늘 좀 바쁩니다
전 부쳐야지요, 나물 볶아야지요
고기산적 구워야지요, 옥돔 생선 탕국도 끓여야지요
과일도 씻고 그릇도 닦고
쌀도 햅쌀로 불려놓았고
과자랑 밤이랑 곶감도 챙겨두었으니
참, 떡이요 떡도 있습니다
시장 본다, 상 차린다, 헐레벌떡,
아버님이 사랑하던 며느리 성준 어미는
여전히 오늘도 좀 바쁩니다
아버님 오셨습니까

아버님 돌아가신 날은 짙푸른 가을이었습니다
어찌나 하늘은 푸르고 바람은 달던지
햇살은 무르익어 향기롭고
온 세상이 적당히 풍요롭고 평화로웠지요
가끔씩 높고 파란 가을하늘을 보면

짙은 그리움 한 조각 다녀갑니다
아버님이 살아 계셨다면
아마도 큰아들 홍삼이 처는 기고만장
어깨에 힘 팍팍, 아버님 믿고 하하하
아버님 맛있게 드시고 계십니까
음식이 입에 안 맞아도
별 말없이 흐뭇하게 드실 거라는 거 다 알고 있지요
그동안 제가 솜씨가 좀 늘었으니
느긋이 천천히 드시고 상 물리십시오

철모르고 엉성하기만 하던 제가
엄마가 뭔지도 모르고 첫아들을 낳았을 때
아버님은 첫손자를 얻었으니
그 기쁨 저는 잘 알고 있습니다

딸을 바라던 제 맘과 달리 두 번째 손자를 얻었을 때
두 배로 더 기뻐 하셨음을 또한 알지요
돌아가신지 이십년이 지나도록 꿈에
모습 한번 없으신 걸 보면 그곳에서도
편히 계신 줄 알겠습니다

그리울 때마다 아버님의 마지막 눈빛을
아범이랑 오손도손 잘 살라는 힘겨운 마지막 당부를
그 때 그 말씀 지키며 살고 있습니다
늘 기쁘고 행복한 일만 있지는 않았던 것
아시죠, 아버님은 제 마음 잘 알 거라 믿습니다
힘겨운 순간순간 끈을 놓고 싶은 순간도 많았음을

숭늉 드릴까요
그렇게 좋아하시던 술과 담배는 어찌 되셨습니까
당연히 금주와 금연하고 계시겠지요
이제 상은 물리겠습니다
저희도 배가 고파 음복을 좀 하도록 하겠습니다
이렇게 일 년에 한번 늘 뵙게 되어 참 좋습니다
잠시 더 머물러 계시다가
사랑하는 아들과 며느리, 두 손자 놈들
두루두루 찬찬히 살피시고 내년에 또 뵙겠습니다
문 열어두었습니다
살펴서 안녕히 가십시오

박수칠 때 떠나라
— 알츠하이머 1

생각은 멈추는 날이 많은데
강물은 유유히 흘러가네

얕은 웅덩이처럼
마음은 한 곳을 지키지 못하고
오고 가는 사람들은 스스로를 연민하고
기억의 회로는 모두 과거로만 향해간다

집으로 돌아가는 길
나는 모른다 정말 모른다
여기는 어디인가
망각의 세계 안에서 나를 데려다 줄 내 모습은 보이지 않고

시간은 온전하게 걸어가는데
나는 그 자리에 그대로 멈춰 서있네

망각의 강
— 알츠하이머 2

누군가를 잊고 산다는 것은
누군가에게 잊힌다는 것은

잃어버린 것과 되돌아가는 것을 더하고 빼면
남은 것은 또 사라져버릴 슬픈 망각뿐이다

어제는 오늘이 아니다
내일도 오늘이 아니다

느닷없이 밀려온 밀물처럼
순식간에 사라진 썰물처럼

오늘 내 가슴 속에 없는 것
쓸쓸한 바람이 스쳐 지나간다

치매찬양
—알츠하이머 3

차라리 축복이라 하자
사랑하는 사람의 이름을 더 이상 기억하지 못함을
아름다운 날들은 안개 낀
강가의 희미한 풍경화로 남아
이제 눈과 눈빛만으로는
더 이상 이야기할 수 없다
들을 수도 들려줄 수도 없는 연민으로
어쩌면 아름답지 않았을지도 모르는 일생
결코 듣고 싶지 않은 슬픈 목소리의 이야기들

차라리 기쁨이라 하자
그렇지 않은가
인간의 생이란 참 선명하기도 하여
아, 곤란하다
인두로 지진 듯 온몸에 찍힌 욕창
그것들은 질긴 생명력의 표식처럼 살아 움직이지만
곧 까맣게 타다가 사그라져간다
허물을 벗듯 떨어지는 삶의 각질, 그 살들
낙엽이 이보다 더 아름다운 별똥별일까

모든 건 한순간이라 해주자
부끄러움 사라진 몸뚱이 사이를 흰 연탄재처럼
산화된 과거만이 창백하게 서성이고
식욕과 성욕으로만 숨 쉬는
박제된 한 마리의 검은 새
의식과 무의식의 시계추는 방향 없이 흔들리고
모래시간은 하염없이 쌓였다 무너져가고
나는 사라져간다
신기루도 사라져간다

3부

낙화落花

그립다고 모두
되돌아 갈 수는 없는 일이다

흩어졌다고 모두
바람의 길은 아닌 것처럼

삶이란 알 수 없는 일
상흔으로 남아 있는 오롯한 꽃받침
지킴의 자세가 경이롭다

꽃이 떨어진 자리엔
잎이 성글고
떠난 것들에 대해 박수치며
아름답게 늙어가는 것
낙화를 바라보는 우리들의 자세다

길 1

길은 따뜻하다
모든 길에는 이야기와 웃음소리가 있다
고요한 침묵이 있다
홀로 떨어져 걸어야 들을 수 있는 위로가 있다
외로움에 대한 치유의 힘이 있다
모두 내려놓고,
모두 빠져나가고,
그리고 남겨진 내가 있다

길 2

아직도 사람을 살피는 나이
사람이 사는 길에서
까마득하게 멀다

바람에 섞여버린 이정표
소란스러움 속에 깃든 침묵
발걸음 마다마다 호흡이
사라진다

한동안 길을 잃고도 돌아설 수 없었던 것은
돌아간들 그 길은 맞는 것일까

깃털 하나가 허공을 가른다
햇살의 무게로
꽉 차오른 완전한 포만감
고요하다

길 3

타협과 굴종의 세련된 매너
거짓과 위선의 무표정한 냉소
폭압과 공포를 이겨내고 획득한 월계관을 쓰고,
성공이라는 이름의 영광스러운 길

미로처럼 얽힌 마음의 지도를 고쳐가며
선명하게 읽히는 표지판만 찾아 다녔지만
이제는 저기 텅 빈 의자에 그만 앉고 싶다

헛된 명예와 생의 비루함으로 초췌해진 몸과
마음의 정직함은 길을 잃은 지 오래
온통 어긋나고 엉켜버려 삐거덕거리는 시간들

낡아지는 이치의 아름다움을
잘 살고 잘 죽기위한 지혜의 길
욕망의 마음을 거두고 돌아 갈 집을 향하여
가자, 그 길, 별빛을 따라

버리고 간다

갈 길은 멀고 해는 짧다
자고나도 달라지지 않는 역사
퇴적된 시간들이 쌓아놓은 지혜와
죽는 날까지 움켜쥐고 가고픈 웃음소리

뒤돌아보고
다시 뒤돌아보고
이유 있다 여겼지만
버리고 간다

실체를 덮어버린 거대한 물거품처럼
세월이 만들어 놓은 낡은 소문들
길을 찾아
진위를 읽어내고
마음으로 웃고 슬며시 자리 뜨는 법도 배워두면 좋다
오늘 밤, 눈(目이) 밝다

바로보기

마음이 무뎌진다는 것은
한 치의 오차도 없이 가다듬던 의지를
버리기 시작했다는 거다

고통이 뭉툭해졌다는 것은
희로애락의 손길이 빚어낸 인내가
제 빛을 발하기 시작한 것이다

얽혀서 꼬여버린 삶의 지향점들이
한 곳으로 모여들며
단순하게 흐르기 시작하는 날

힘이 빠져 느슨해진 작은 우주의 떨림
비로소 투명해져 맑고 향기롭게
세상 바라보는 놀이가 재미나다

그리워지다

그리움이란 멈춤 없는 시간의 징검다리를 건너다가도
문득, 울컥한 뜨거움에 목이 메어 잠시 걸음을 멈추는 거다
언제부터 생겨난 것인지 알 수 없는 망각이 되어
아주 오래 전 일처럼 까마득하고 아련한 여운인 거다
누군가 그리워진다는 것은
라일락 만발한 꽃밭에서 길을 잃은 봄날처럼
며칠 내내 쉬지 않고 내리는 장맛비처럼
숨이 멎을 듯 짙푸른 늦가을 하늘처럼
첫 눈이 내리면 찾아가는 옛 다방의 추억처럼
시간 속에 겹겹이 싸여 더욱 오롯하게 짙어가는 멍 같은 거다
온 몸 가득 돋아난 생 가시처럼 못 견디게
생생하고 눈물겨운 슬픔이다
외로움이 불러 낸 오래된 친구 같은 것이다

숨바꼭질

마음과 마음이 숨는다

말과 말이 숨는다

몸과 몸이 숨는다

사람과 사람이 숨는다

꼭꼭 숨어라
머리카락 보일라

딸에 대한 욕망

딸이 있었으면 좋겠다
(좀 더 간절하게)
딸이 갖고 싶다
XX라는 같은 염색체의 동질감
열 달 동안 탯줄로 이어질 무언의 동맹
나를 닮아 난감해도 좋아
나를 닮아 철없어도 좋아
나를 닮아 나를 닮아 제발!

가질 수 없음을 알게 될수록
(더욱 집요하게)
못 가질 이유가 생각나지 않아
XY라는 다른 염색체의 이질감
열 달 동안 치고 받으며 쌓아 온 동맹
아들이 된 놈들
남편이 될 놈들
아빠가 될 놈들

욕망 중에 가장 치열했지만

가장 싱겁게 끝나버린 싸움
(전의를 상실한 패전)
내가 딸이기에
내가 아내이기에
내가 엄마기에
서슴지 않고 훔치고 싶었던 딸
여자라는 이름의 딸을 갖고 싶었다

화anger

명치끝을 누군가
부싯돌로 문질렀나!

들숨과 날숨의 길목이
가로막혀 버렸다

다 타버리고 남은 것은
유독가스뿐이다

명상

털썩 주저앉지도 말고
벌떡 일으키지도 말고

무엇이 지나가더냐
바람보다 빠르게
심연의 끝자락을 만진 듯 고요하게

미소 지었는가
눈물 한 방울 툭 떨어지는 소리

돌아갈 길은 보이더냐
아, 처음 그 자리 그 곳이었던가

회초리

매로 덕을 가르치는 방법이 두 가지 있다

회초리를 매섭게 몸에 대어 아픔의 비통함과 자기모멸을 통한 자성의 길을 찾게 하는 것과 따스한 솔선수범으로 허물을 덮어주어 스스로 참을 수 없는 부끄러움과 참회를 통한 깨달음의 길을 찾아 가게 하는 것인데 이것이 사람에 따라 나이에 따라 성품에 따라 근본 바탕에 따라 그릇 크기에 따라 모두 다른 것이어서 세심히 살펴보면 참으로 괴로운 가르침이요 배품이요 자선이요 보시이며 자비심이다

매일이 화두다. 회초리 매는 내려친 매의 아픔이 몇 수십배로 증폭되어 밤새도록 온몸이 피멍들고 아파 밤잠을 설치지만 끓는 솥에 손가락을 넣게 해야 알아먹는 원시적이나 혹독한 한방이 된다. 보드랍게 병아리를 품듯 토닥토닥 쓰담쓰담 사랑 매는 마음 안에서 사랑과 연민의 꿀물같이 달콤한 새살이 돋기도 하지만 깨닫게 하려했던 너그러운 매의 엄정함을 깨닫지 못하는 버릇없는 오류가 반복되기 일쑤다

그리하여 두 가지 매를 적절하게 섞어 회초리 매도 주고 사랑 매도 주고 병도 주고 약도 주고 들었다 놨다 어르고 달래고 밀고 당기는 짓거리를 사랑과 교훈이란 미명으로 착각하여 이것저것 안 해 보는 게 없는 난감한 지경에 이르는데 그

게 다 내 부덕의 소치, 까닭은 자연의 만물이 햇살아래 바람 불고 비오고 눈 내리고 이러쿵 쩝쩝, 저러쿵 쩝쩝, 흘러가는 데로 소생하든 사라지든 썩어가든 다 제각각 알아서 하는 것이어서 매로 키우는 덕이라는 것도 내가 만든 허욕이요 탐욕이요 빤한 욕망의 그늘인 걸 알면서 모른 척 했기 때문이다

모과木瓜

시간을 견디며 익어 온
그윽하고 달달한 사색의 과즙
시린 겨울을 보내며 거둔
견실한 무게의 빛나는 결실

발긋한 볼 빛의 유혹
못난 열매의 매혹적인 미소와
화사하게 상기된 표정 속에
숨어있던 오만한 향기

깊이 숨겨뒀던 짙은 몸짓에
청초한 도발이 묻어나는
오로지 향과 맛으로만 기억되면 안 돼

봄부터 오랜 시간 모멸과 인내로 버텨낸
분홍색 꽃빛을 만난 적이 있다면
황금빛 사랑의 열매에 박수쳐야 하리

4부

축령산의 가을

온 세상이 열려 있다
투명하게
붉게
고요하게

온 우주 깨어나
나를 흔들고
우리를 두드리고
만물을 껴안고

뻗어 치솟은 잣나무
세상은 결코 하루아침에 이루어지지 않았음을 고백하고
온갖 풍상에 절은 나뭇결은
있는 그대로만 바라보라 하고

어제와 오늘이 만나
내일이 되고
너와 내가 만나
우리가 되고

지금 이 순간, 미소 짓는
백련사의 가을이 어깨를 토닥토닥
끄덕 끄덕, 이유를 알겠다

코끝에 스미는 생명의 향기
맑은 눈물 한 줄기
주르르 흘러내린다

기도
— 정동진에서

파란 하늘이 기도의 제목라면

밀려오는 파도의 하얀 포말은 기도의 시작입니다

수평선을 마주하고 빛나는 눈부신 햇살이 발원發願이라면

떠돌다 흩어지는 흰 구름은 한결 같은 수행의 흔적 같습니다

뺨을 타고 흐르는 바람의 감촉이 환희심이라면

하얀 모래밭의 보드라움은 가피加被로 충만한 위로입니다

오고가는 갈매기의 매끄러운 몸짓이 걸림 없는 보살심이
라면

저 멀리 의연한 소나무 숲이 깨달음의 길은 아닐런지요

하나의 시선에 풍경의 조각들이 만나는 순간, 마음은,

벅찬 축복과 자비심으로 넘쳐 오르고

바라보는 내내 나는 기도중입니다

광개토왕비 앞에서

그대 위대한 왕이시여
끝이 보이지 않는 드넓고 황량한 이 땅위에
당신이 품고 씨 뿌려 획득한 엄청난 업적은
지금 조금 외롭고 초라합니다
가슴 뿌듯한 감격도 안타깝고 피 끓던 울분도
세월 속에 퇴락하여
우리의 것을 지켜내지 못한 통한으로
당신께 부끄러운 삼배 올립니다

국강상광개토경평안호태왕國岡上廣開土境平安好太王
414년에 세워진 비문에는 1775자의 장문기록
시호에 적혀있는 세계 최고의 왕이시여
세계를 향해 포효하고
고구려라는 아름다운 이름을 말발굽에 실어
이루고자 했던 원대한 꿈을
관광객의 발자취로 더듬고 있는 어린 후손들
부끄러움에 눈 뜰 수 없는 뜨거운 햇살과
간혹 반가움의 손길로 쓰다듬는 바람을 느끼며
우리는 깨닫습니다

정복을 넘어 세계를 꿈꿨던 야망
숱한 시간을 겪고 겪으며 오늘에 마주친 우리들
대한민국의 이름으로
IT왕국으로
스포츠의 왕국으로
한류라는 어마어마한 바람으로
어디를 가든 어느 곳에 있든 무엇을 하든
우리들은 당신의 자랑스러운 후예,
당신은 우리의 위대한 왕이십니다

비록 초라하고 외롭게 당신을 이곳에 둔 채
돌아서는 발걸음은 한없이 서럽지만

이곳에서 꼿꼿한 그 기개로
먼 훗날을 기약하며 우뚝 솟아 있으시길
잊지 않으렵니다
잊지 않겠습니다
위대한 광개토왕이시여

장군총

— 장수왕릉에서

위대한 왕의 아들로 태어난 운명
참으로 힘든 자식의 운명이 될 수 있었으리
아버지의 기세에 눌려
엄정한 위업의 무게에 눌려
당신의 길도 만만치 않게 혹독했으리라

고구려기단식 돌방돌무지무덤
동양의 피라미드라 불리는 웅장한 기개
장수왕의 고독한 위엄과 묵직함을 간직한 돌담들
무덤은 오래전 도굴되어 묘실은 텅텅 비었고
퉁거우 평야 너머 압록강은 오늘도 말없이 흐르고 있다

적석총의 묵직하고 경건한 무덤가엔
소소한 바람 불면 뻐꾸기 따라 울고
토끼풀의 소박한 동행에
마음 아린 통곡소리 온천지를 흔들고
광개토왕의 아들 장수왕이여,
그래도 그대가 있어 위로가 됨을 아는가

백두산 비룡폭포*

백발의 장엄한 낙화
영원을 향한 정결함으로
부드럽지만 다가서기 두려운 결기

수천 년을 묻어두었던 이야기들
몸 둘 바 없는 벅찬 광경으로 넘쳐
백두대간의 속살 사이사이를 후비고

두 팔 벌려 내 품 속에 가득 담은 소망
하늘로 솟구치는 백룡의 기운으로
아! 이곳에 뿌리내린 시마詩魔 한번 만나고 싶다

---

*중국에서는 장백폭포라고 한다

백두산 가는 길

초록이 가득하다
장중한 하늘빛과 맑은 기운이
자작나무의 사열을 받으며
한라에서 백두까지 경건하게 달려온
후손들을 넉넉히 보듬어 품어준다

염원의 길,
집요한 그러나 부드러운 성공
한걸음, 한걸음
한마음, 한마음
백두대간의 환희로운 능선 따라
큰 희망을 위한
모든 에너지가 한 곳으로 모여들고

끝이 없어 보이던 긴 여정도
인간의 소박한 꿈과
자연의 위엄이 섞여
가슴 벅차게 묻어두었던 푸른 꿈의 영광을
더욱 빛나게 한다

굴곡지고 탁한 삶이여, 모두 떠나라
드넓은 이 땅에 세웠던
정결하고 원대한 광개토대왕의 발자취와
고구려의 숨결이 살아있는 길
우리의 환한 미소와 닮은 햇살이 눈부시다

백두산 천지에서

창공이 열려 빛을 뿌린다
벅찬 감동의 가슴앓이로 숨이 멎는 순간
신비로운 하늘의 물길이
땅을 향해 짙푸른 그림자를 드리우고

이것은 분명한 축복이다
평생을 걸며 품었던 삶의 해답
대대로 흐르고 흘러 멈춘 적 없는
천년의 의지와 염원
오롯한 민족의 얼굴이자 뿌리이다

깊이를 모를 오묘하고 신령스러운 힘
바람이 닿아 천지를 흔들고
구름이 오가며 세상사를 섞은
짙은 코발트색의 심장은
하늘을 품고 땅을 보듬어 정결하다

빛이여,
백두산의 천지여,

민족의 영산이며 숨결인 그대여,
위엄 있고 장엄한 존재감
인간의 영역을 넘어 서기 어린 곳
시공을 초월한 영광의 이름으로 영원하리라

설국雪國* 이야기

회색빛 하늘을 뚫고 하얗게 빛나는 이야기들이 까마득히 쏟아져 내린다
나는 묻는다
여기가 설국입니까

성벽처럼 쌓인 눈 속에 파묻힌 신사神寺 앞에서
온 몸을 던져 길을 내어 마중 나온
시마무라와 다마코, 슬프고 매혹적인 눈빛의 요코를 만나고
우리는 마주앉아 삼나무의 그늘짐에 대한 이야기를 나눈다
세상사의 헛사랑, 헛일인 허무와 공허의 골짜기로
쌓이는 눈의 하염없음을 바라보고 있노라면
하루해는 뜨고, 지고……
설국의 이야기는 끝이 보이지 않는다

투명하게 흘러가는 세계를 바라본다
쌓이고 쌓여 가는 설국의 시간을 마주하고
세속적 의미를 부여하며 화려한 문구를 덧입혀
이 말할 수 없이 선명하고 아름다운 이 나라의 꿈같은
고요를 설명하지 않으리라

점점 사라져 가는 골짜기의 마을들과
더욱 높이 솟구쳤다 서서히 가라앉는 심연의 계곡을 향해
너는 무엇이냐
너의 이 하염없음은
너의 이 서러움은
우리는 이 나라에 갇힌 것인가
우리는 이 나라에 무엇을 남기고 갈 것인가

시미즈터널**을 지나
내가 살던 세상으로 나는 사라져가도
물 번짐처럼 먼 산 끝자락으로 부터 하얗게 밀려들며 쏟아지던
벅찬 눈보라의 환호를 잊지 않으리라
짧은 꿈의 환영을 걷어 내고
나의 세상 속으로 터벅터벅 걸어 들어와
신발에 묻어 있던 흰 눈을 툭툭 털어낸다

---

* 설국: 일본의 노벨문학상 수상작가 '가와바타 야스나리' 의 작품 이름이기도 하다

** 시미즈 터널: 일본 군마 현과 니가타 현 사이에 있는 국경을 지나는 터널

버섯바위

— 터키 카파토키아에서

누군가에 의해 버섯이라 이름 지어진 바위
기기묘묘하고 범접키 어려운 서기
인간의 힘으로는 넘볼 수 없는 신의 영역
자연의 신비로운 건축물이다

그러나 그보다 더 귀한 것이 있다
숨이 멎듯 꽂히는 태양 아래 시공을 넘나드는 바람
천혜의 자연이 만들어 낸
텅 빈 공간에는
버섯모양의 지붕을 이루고
수천 년 전 사람들의 핏빛 발길이 닳은
작은 예배당이 만들어지고
아, 자연의 위대함과 인간이 빚어낸 경건한 기도

희미한 바위에 그려진
기도의 흔적과 염원의 발자취
빛나던 모래 빛
그 오랜 세월 흘러 넘쳐 남아 있는
감동적인 기운
기도의 노래

바람 앞에 서다

— 트로이 유적지에서

역사는 보이지 않는다
텅 빈 유적지는 거대한 목마 하나 세워져
시간의 기억과 영웅의 징표로 위장하고 있다
역사는 영화 속에서 증명되었으며
우리들은 목마 앞에서 찍은 기념사진으로 과거를 입증했다
바람이 들려주는 쓸쓸한 신화는
흔적 없이 잘게 부서져 한없이 애잔하고
트로이 목마를 타고 모래시계 속으로 사라져간
수많은 군중들의 핏 빛 함성소리는
북소리처럼 가슴을 두드리며 담담하게 사방으로 퍼져나간다
여운은 깊고 향기는 슬프다
아주 오랫동안,
보이지 않는 바람 앞에 서있다

영또폭포*

눈에 보인다 해서
혹은 보이지 않는다 해서
텅 비어 있다고 해서
쏟아져 넘쳐흐른다 해서
퍼붓는 그 순간이라 해서
어느 순간 말라 사라졌다 해서

공즉시색
색즉시공

있거나 없거나
하나거나 둘이거나

우리는 아무것도 알지 못한다
인생을 함부로 말하지 말라

---

*높이 50m에 이르는 제주도 서귀포에 있는 건천폭포이다

오늘의 날씨

사월에 눈 내립니다
입춘대길 축제도 아니고
개구리알 도롱뇽알 경칩도 지났는데
첫눈 오듯 펑펑 쌓이네요
뻔뻔스러운 날입니다

변덕스럽고 쌀쌀맞게
지독히 예민하기가 애인 그날처럼
세상이 바뀐 듯 뒤통수를 쳐도 유분수지
꽃비처럼 내리는 함박눈 너무하네요
앙큼한 날입니다

삼월의 딸기 맛!
사월에 수박 맛!
오월에 포도 맛!
봄꽃 피려면 몇 번은 더 꿀비 눈웃음이 필요한데
이제는 날씨도 이벤트를 하는 세상이네요
모든 것이 육감적입니다

오늘도 계절은 특집 생방송 중입니다

봄 1

연두와 초록 사이의 거리는
시의 행간처럼 침묵하는 공간

나뭇잎의 세포분열에 열광하는
이 견딜 수 없는 들썩거림!

연두가 초록이 될 때까지 겪은
수많은 불면과 탈각의 고통들

잠시 기도하자
그리고 견뎌보자

봄 2

꽃 속에 꽃이 피고
바람 따라 바람 불면

물속에 물이 흐르고
물속에 물이 모이고

햇살은 온 누리를
빈틈없이 감싸 안고

마음 밭에는 살가운 새싹이 돋아
우리 함께 큰 세계를 품고 있네요
따뜻한 기쁨을 나눠 주네요

제비 2

하얀 벚꽃 비 휘리리릭 흩날리던 날

편지 왔어요, 편지!
카톡 왔어요, 카톡!
휴대폰 안에서 제비 한 마리 날아오른다

고추잠자리

뱅글 뱅글 하늘을 휘저으며
가을 햇살을 품은 것은
부드럽지만 단단한
저 놈의 날갯짓이다

한줄기 바람 마음에 스밀 때
가을 하늘을 지탱하고 앉은
꼿꼿한 것은 꽃대가 아니라
작은 우주의 그림자다

파란 하늘로 날아오르는
우리들의 가을
투명한 의지가 어우러진 빛깔
어느새 다가서있는 낭만자객
고추잠자리!

이 별을 어쩌지요

이 별을 어쩌지요
황금빛 입술로
살갗에 살며시 내려앉아 내 솜털을 톡톡
쪼아 댑니다, 톡톡
발가벗은 황홀한 이 기분
온 몸을 유영하는 짜릿하고 간지러운 성감대

진홍빛 뼈 속까지
햇살의 진액이 흠뻑 스며
마음을 흔들고 온몸을 흔들고 대지를 흔들고
설렘의 밑바닥까지 닿아
누구든 사랑하게 만드는 이 가을
이 별을 어쩌지요

가을이 쌓인다

한 그루의 세월이 노랗게 물들면
우수수, 시간들은 하염없이 떨어져
회한의 발목까지 차오르고

파랑새 찾아 길 떠났던 우리들
잿빛 계절을 거슬러
유년의 고향으로 돌아오는 길

부서질 듯 물기 없는 낙엽들이
바스락, 사라져가는 하룻밤의 묵언
잘 가라, 가을

비를 위하여

— 너무 예쁜 우리말

지금 내리는 이 비는 가루비일까
잔비일까 실비일까 아니면 싸락비일까
빗줄기가 점점 굵어지는 걸 보면 발비 아니면 작달비,
달구비로 내리나 싶었는데 잠시 쉬어가 듯 여우비로 바뀌고
먼지잼처럼 잠잠해진다

아득한 첫사랑, 그이 찾고 싶은 밤
누리 치는 궂은비로 심란한 마음 일으켜놓고
밤새도록 도둑비가 바람비로 내린다
오란비가 오려나, 무심히 가려나
해비와 단비, 목비와 꿀비가 내려야 일 년 농사도 풍년드는 데
우레비치고 마른비 오면 세상살이 곤란하다

사는 게 다 그렇고 그런거지
일비오고 잠비도 지나간다
떡비 내리고 술비 올 때쯤이면
일 년이 하루처럼 눈 깜짝 할 새 휘리릭 지나가고
다시 비꽃 기다리 듯 봄이 돌아오겠지

우리는 무엇이 되어 다시 만나랴*

침묵이 생성되는 자리에는
점點들이 점점점 모여들어
셀 수 없을 만큼의 점이 되고
하나의 점이 되고 큰 점이 되고

별 안의 무수한 별
별들 안에 차곡차곡 쌓여가는 별별별
은하수로 뻗어가는 길을 만들고

지금 세상은 온통 암흑 천지
무수한 침묵들이 무너져내린
밤은 새로운 시작의 붕괴점
짙푸른 지구별에서 우리 다시 만나자

---

*김환기의 그림

성찰의 힘, 삶의 풍경

허 형 만(시인 · 목포대 명예교수)

금동원 시인의 세 번째 시집을 읽으면서 "시란 자신의 올곧음에 대한 시인의 의식이다"라는 오시프 만델슈탐의 믿음이 뇌리에서 떠나지 않았다. 만델슈탐은 우리에게 시인과 세계가 맺는 새로운 관계를 보여준 러시아 시인이다. 금동원 시인의 시가 어찌하여 만델슈탐을 떠올린다는 말인가. 그 이유는 시인의 「고백에 대하여」 연작 4편이 시인의 의식과 시가 어떤 관계에 있는가를 분명하게 드러내주기 때문이다. 이 연작 4편은 각각 부제를 달고 있는데, '시인의 말' 과 '시작노트' 그리고 '습작으로 시집을 만든 죄', '시를 위한 연가' 등이다. 우리가 잘 알다시피 '시인의 말' 은 시집을 출간할 때마다 그 시집 앞에서 시인이 하고 싶어 하는 말, 즉 서문이다. 한편 '시작노트'는 등단하기 전에 쓴 습작노트 또는 작품의 초고에 해당할 것이다. 금동원 시인이 이 '시인의 말'과 '시작노트'에 대하여 '고백'한다는 점에 우리의 관심이 쏠리는 이유는 지금까지 이 두 가지 면을 깊이 성찰해본 시인은 별로 많지 않을 거란 생각에서다.

첫 시집을 내고 나는 시인의 말에 이렇게 썼다.

"부끄러움이 클수록 용기가 커져야 함을 알기에...

사람에게서 사랑을 배운 것처럼 언어로서 삶을 이야기함에 망설이지 않겠습니다.

고백이라는 단어를 부끄러워하지 않으렵니다.

시가 나를 이해하고 따뜻하게 받아주었듯이

나 역시 시를 위해 평생을 뜨거워하리라 약속합니다."

두 번째 시집을 내고 나는 염치없이 실없이 흘끔대며 세월만 누리고 살았다.

직무유기와 방기에 해당할 것이다.

세 번째 시집을 내면서 나는 시인의 말을 이렇게 쓸 것이다.

"당신을 오랫동안 말없이 껴안습니다.

아주 오랫동안 말없이 끄덕입니다.

우리는 서로가 서로에게 무엇을 원하는지 새삼 알아버렸
습니다. 까무라치거나 죽기 밖에 더 하겠습니까
다시 시작詩作하고 싶습니다."

—「고백에 대하여 · 하나」 전문

금동원 시인은 2011년 9월에 두 번째 시집 『마음에도 살결이 있어』(월간문학 출판부)를 출간한 후 4년 만에 세 번째 시집을 출간하게 되었다. 두 번째 시집에도 물론 '시인의 말' 이 있다. 그런데 시인은 이 두 번째 시집을 출간한 이후 "염치없이 실없이 흘끔대며 세월만 누리고 살았다. 직무유기와 방기에 해당할 것이다."라고, 고백한다. 이 고백은 곧 시인으로서의 책무에 대한 자아성찰에 다름 아닐 터이다. 그리고 이제 세 번째 이번 시집의 '시인의 말' 에서는 "까무라치거나 죽기 밖에 더 하겠"느냐면서 "다시 시작詩作하고 싶"다고 의지를 다진다. 그러니까 이번 시집은 금동원 시인이 그동안의 "직무유기"와 "방기"를 털어버리고 야심차게 드러내 보이는 시집임을 암시한다고 보아도 좋을 듯하다. 왜냐하면 이번 시집이 세상의 빛을 보기까지 "오랫동안 말없이 껴안"고, "아주 오랫동안 끄덕"이며, "서로가 서로에게 무엇을 원하는지 새삼 알아버렸"기 때문이다. 그런데 시인이 "다시 시작詩作하고 싶"다는 이러한 각오는 이번 시집에만 해당하는가? 아니다. 금동원 시인이 첫 시집 『여름낙엽』의 '시인의 말' 에서도 이미 "고백이라는 단어를 부끄러워하지 않으렵니다. 시가 나를 이해하고 따뜻하게 받아주었듯이 나 역시 시를 위해 평생을 뜨거워하리라 약속합니다."고 고백한 바 있어, 이번 세 번째 시집은 첫 번째 시집의 의지를 다시 한 번 다짐한 셈이 된다.

> 스무 살로 다시 돌아갈 수 있다면 가장 먼저 할 일은 당연히 시를 쓰는 일이다. 그리고 그때 쓴 시를 지금의 눈으로 다시 읽어보는 것이다. 피눈물에 젖어 분서갱유처럼 불태워버린, 청춘만큼 뜨거웠던 나의 시작노트도 돌려받을 것이다. 피 같은 살 같은 미지의 처녀막 같은 내 시작노트를 다시 되찾을 것이다. 스스로에 의해 저질러진 무모한 충동과 자해적 파괴, 몰래 숨겨놓은 사생아처럼 더럽고 불안하고 불편했던 청춘. 나를 일으켜 세우지 못한 채 시간이란 굴레는 아무 일도 없었던 듯 흘러가고 결과는 참패, 삶이란 그리 특별할 것도 대단하게 신비로울 것도 없는 흘러가는 강물처럼, 지금 누군가 내게 한 가지 소원을 말하라면 바로 그 젊은 날의 비릿한 풋내와 살구 빛 홍조로 가득했던 연두 빛 시작노트를 태우기 직전으로 돌아가는 것이다. 간절하게 열망하며 빌고 또 빌며 돌아가 보고 싶은 것이다.
>
> —「고백에 대하여 · 둘」 전문

'시작노트' 에 관한 시이다. 이 시는 "스무 살로 다시 돌아갈 수 있다면" 이라는 전제 하에 전개된다. 금동원 시인은 약력에 의하면 올해 50대 중반이고, 40대 초에 등단했다. 다시 돌아가길 열망하는 "스무 살" 이란 시인에게 있어 시를 쓰겠다고 잠 못 이루던 습작 시절인, "피눈물에 젖어 분서갱유처럼 불태워버린, 청춘만큼 뜨거웠던 나의 시작노트" 의 나이이리라. 지금 돌이켜 생각해보면 "그 젊은 날" 엔 어찌 그리도 문학에 병들고, 시에 매달리고, 꿈이란 꿈은 온통 시뿐이었는지. 그랬기에 "비릿한 풋내와 살구빛 홍조로 가득했던 연두빛 시작노트" 의 시절, 시인은 그 시절로 다시 돌아갈 수만 있다면 돌아가고 싶어 하는 간절함을 보여준다. 그 시절로 돌아가서 무얼 하겠다고? 시인은 주저하지 않고 대답한다. "당연히 시를 쓰는 일" 이라고. 우리는 이 대목에서 시인의 갈망이 무엇인가를 짐작하게 된다. 아마도 그것은 '순수' 바로 그것이지 않을까? 맑고 깨끗한, 온전한 시다운 시를 쓰는 일, 그리하여 '분서갱유처럼' 더 이상 불태우지 않아도 좋을 시 쓰기 말이다. 우리는 시인의 이 두 번째 고백에서 절실한 시정신을 읽을 수 있음에 전율하지 않을 수 없으리라. 그렇다면 금동원 시인은 시를 어떻게 생각하는가.

시를 쓰면 버려라 어느 시인의 말처럼
자꾸자꾸 버리라는 그 말이

시 쓰는 게 신나야지 왼 종일 벌서듯 힘들면
쓰지 말아야 한다는 그 말이
시는 가슴에서 솟구쳐 뿜어대야지 머리를 쥐어짠다고
써지는 게 아니라는 그 말이

시가 뭔지 알기나 하는지
시, 제대로 쓰고나 있는지
시를 왜 쓰고 있는지
목숨 내놓고 쓴다는 게 뭔지 겁먹어는 봤는지

밑천이 바닥난 장사치처럼
본전도 못 건지고 이미 너덜너덜 거덜 난 것은 아닌지
껄렁하게 목청만 돋우는 건달패처럼
이리오고 저리가고 우르르 와장창 소란스럽기만 하고

인물값 하는 시도 없지만
몸값 하는 시도 없는 것을 보면
평생 번듯한 시 하나 쓰기는 그른 것도 같다
소원이라고 다 이루어지는 것은 절대 아닌 것이다

—「시詩」 전문

불가에서 말하길 언덕을 오르려면 뗏목을 버리라고 했다.

'사벌등안捨筏登岸' 의 법이다. 장자는 고기를 얻었으면 통발을 잊으라고 말한다. '득어망전得魚忘筌' 을 이름이다. 금동원 시인은 "시를 쓰면 버려라" 고 일러준 어느 시인의 말을 시에 대한 명상의 마중물로 삼고 있음을 본다. 우리는 동서고금을 통해 '시' 에 관한 수많은 정의와 시론을 진저리날 만큼 많이 들어왔다. 그럼에도 불구하고 금동원 시인처럼 "시가 뭔지 알기나 하는지/시, 제대로 쓰고나 있는지/시를 왜 쓰고 있는지/목숨 내놓고 쓴다는 게 뭔지 겁먹어는 봤는지" 고민해 본 시인은 과연 얼마나 될까. 요즘처럼 문예지의 종류도 많고 다양한 속에서 매년 시인들이 새로이 '등단' 이라는 관문을 통과하여 '시인' 이란 이름을 얻는다. 그리하여 문예지마다 등단한 문인을 중심으로 울타리를 만들어 "껄렁하게 목청만 돋우는 건달패처럼/이리오고 저리가고 우르르 와장창 소란스럽기만" 하다. 시인은 오늘의 문단 현실을 예리하게 꿰뚫어 보고, 참 시인의 자세와 정신을 다잡고자 한다. 일찍이 이규보는 〈시마문詩魔文〉에서 시마의 다섯 가지 죄상을 다음과 같이 밝혔다. 첫째, 세상에서 알아주지도 않는데 붓만 믿고 찧고 까불게 만드는 죄. 둘째, 천기를 누설하면서도 당돌하여 그칠 줄 모르고, 사람의 마음을 꿰뚫어 세상을 놀라게 하는 죄. 셋째, 삼라만상의 온갖 형상을 닥치는 대로 남김없이 옮겨내서 겸손할 줄 모르는 죄. 넷째, 제멋대로 상 주고 벌 주며, 정치를 평론하고 만물을 조롱하여, 뽐내며 거들먹거리는 죄. 다섯째, 목욕을 싫어하고 머리 빗기를 게을리 하며, 공연히 끙끙대고 인상을 써서 갖은 근심을 불러들이는 죄다. 정민 교수의『한시미학산책』에 나오는 말이다. 여기에서 시마란 놈은 물론 시인으로 하여금 시를 쓰지 않고는 배길 수 없게 만드는 '억제할 수 없는 충동'의 다른 이름일 뿐이라고 정민 교수는 말한다. 문제는 오늘날 그토록 많은 문예지에 발표되고 있는 작품들이 '쓰지 않고는 배길 수 없는' 상태에서 우러나온 시인가 하는 점이다. 그렇다고 한다면 금동원 시인은 "시가 뭐 길래, 도대체 시 너 뭐 꼬?"(「고백에 대하여' 셋」)라는 화두를 넘어선 '인물값 하는 시' '몸값 하는 시' 그래서 '번듯한 시' 일 거라고 믿는다.

금동원 시인의 시에서 우리가 발견한 핵심 중 또 하나는 '너/나' 그리고 '우리'라는 우주 속에서의 삶에 대한 명상이다. '너 '라는 모든 대상은 우주 안에 존재하는 감각적, 정서적 세계를 소유한 생명체이다. 이 생명체를 시인은 새로운 자각으로 '나' 안으로 불러들이거나 '나'와 함께 존재하게 하는 힘을 갖는다. 그 힘이 화합의 장으로 이루어질 때 마침내 '우리'가 될 터인데, 이것은 곧 존재에 대한 탐구를 우선으로 한다.

너는 매미고 나는 시인이다

온전한 목소리로 속삭이기엔
고통이 너무 큰 기다림이었기에
나는 너를 이해할 수 있다

아득한 세월을 품어온 너의 핏빛 울음이
가도 가도 끝이 없는 나의 노래가
똑같은 이름표를 단 뜨거운 가슴이라는 것

처절하고 간절하게
뜨겁고 눈물겨운 우리들의 노래
깊은 곳에서 갓 퍼 올린 듯
신선하고 맑았으면, 이 노래가

혼절할 듯 온몸을 던져 몰아쉬는 숨소리
텅 빈 껍데기로 쌓여가는 우리들의 8월이 지나간다
노래는 늘 어렵고
시는 언제나 깊은 강 저편에 있다

—「8월의 노래」 전문

참 신비로운 일이다. 매미와 시인의 동일성을 찾아내는 시인의 정신세계는 가히 일품이다. "너는 매미/나는 시인"과 "너의 핏빛 울음/나의 노래"가 "똑 같은 이름표를 단 뜨거운 가슴이라는 거"에 도달하면, 이제 "너/나"는 없어지고 우주 안에서 한 몸이 되어 "처절하고 간절하게 뜨겁고 눈물겨운 우리들의 노래"가 되는 이 생명성을 무엇으로 설명할까. 매미(너)나 시인(나)의 공통점으로 "혼절할 듯 온몸을 던져 몰아쉬는 숨소리"면 이 생명성이 설명되지 않을까. 시인에게 '너'라는 대상은 한사코 여기의 '매미' 뿐인가. 아니다. 좀 더 확장시켜 보자. 또 다른 시 한 편, 즉 「변화의 뜻」을 자세히 볼 필요가 있다. 이 시의 "신호등 앞 건널목으로 위태롭게 걸어오는/ 너는 누구냐"에서 "너"는 곧 비둘기이다. 요즘 도회지에서 "보도블록 틈에 떨어진 썩은 먹이를 찾아/풍선처럼 부풀어있는 몸은 이미 과체중"인 비둘기를 인간들은 닭둘기라고 폄훼한다. 이처럼 "자유와 평화라는 퇴락한 상징"이 되어 버린 비둘기"를 보고 있는 "나"는 "내가 누구였는지 궁금해 할 틈이 없다"고 자조한다. 결국 이 시대의 "불길하고 무거운 회색빛 우울" 속에서 비둘기나 인간이나 별 차이가 없다는 말이 된다. 이 얼마나 비참한 현실인가. 그러나 역시 시인은 희망을 염원하는 자이다. 이 시 마지막에서 시인은 그것을 증명해 보이고 있다.

내가 살 곳은 저 높고 푸른 하늘
의심하지 말자
눈물 흘리지 말자

쪼그리고 앉아 일어 설 줄 모르는
허리를 세우고 어깨를 펴고
두 팔 힘껏 펼쳐 껑충 뛰어 올라
아, 난다, 날고 있다
드디어 유유히 날아오르고 있다

―「변화의 뜻」 5연

마르셀 레몽은 우리에게 묻는다. "시인이란 서로 다른 인간들을 화해시키고 삶에 의미를 주는 사람이므로 나는 시의 뚜렷한 존엄성 앞에 고개를 숙이고 있는가?". 아울러 이렇게 다짐까지 받는다. "인간이 여전히 생명을 부지하고 살며 기쁨을 믿으며 희망에 집착하며 - 마치 "깊은 숲속에서 길을 잃은 사냥꾼의 부르는 소리" 처럼 - 충만함을 찾아 헤매는 것이 마땅한 일이라면, 시인은 항상 인간의 옆에서 욕망을 자극하고 또 그 욕망을 다스려주는 맑은 물을 가져오는 자가 아니겠는가?". 우리는 왜 새삼스레 마르셀 레몽의 말에 귀를 기울이는가. 그것은 금동원 시인의 시, 「변화의 뜻」에서 삶에 대한 '변화' 의 의미가 무엇인가를 잘 보여주고 있기 때문이다. 이 시의 마지막 5연에서 비둘기는 이제 더 이상 '너' 가 아니고 '나' 라는 동일성 속에서 함께 살아가는 생명이라는 사실을 확인시켜 주고 있음에서다. 그럼에도 불구하고 다음 작품에서는 '너/나' 는 하나가 아니다. 희망이 아니다. 왜일까? 작품을 먼저 보기로 하자.

나 아닌 것은 모두 너다
조심스레 다가가보지만
비무장지대의 지뢰밭을 딛는 공포의 거리만큼
넘을 수 없는 산
건널 수 없는 강

내가 네가 될 수 없고 네가 내가 될 수 없는 것은
표정 없는 침묵 때문이다
너만의 침상에 누워
밖에서는 절대 열 수 없는 무한철벽鐵壁
마음의 퍼즐을 맞추지 못하면 절대 열리지 않는 문
너는 누구냐

눈빛은 눈빛을 응시하지 못하고
시선은 늘 허공, 밖을 향해 언제든지 발포 가능한
가장 날카로운 의심과 의문의 부호들로 위기일발 총알은 장전 완료
페이스 북, 인스타그램, 트위터, 블로그, 카스토리, 로그인과 친구 수락,
비밀번호와 공인인증서 암호를 해독하는 날

관음觀陰의 문은 자동적으로 열리리라

—「타인의 방」 전문

이 섬뜩한 현실 비판을 보라. 이게 현대인의 삶이며, 관계이다. 얼마나 비참한가. "나 아닌 것은 모두 너"라는 명제 앞에 그게 아니라고 부정할 사람이 있을까. 내가 너에게 "조심스레 다가가보지만" "비무장지대의 지뢰밭을 딛는 공포의 거리만큼" 느껴졌을 때의 거리감은 당해보지 않은 사람은 모를 일이다. 한 걸음 더 나아가 "내가 네가 될 수 없고 네가 내가 될 수 없는" 이 뼈아픈 인식은 앞에서 우리가 살펴보았던 "너/나"의 관계와 아주 동떨어진다. 왜 그럴까. 그 이유는 간단하다. "표정 없는 침묵" 그리고 "밖에서는 절대 열 수 없는 무한철벽鐵壁" 때문이다. 이건 상상이 아니다. 현실이다. 그 현실을 시인은 마지막 3연에서 자세하게 증명해 보인다. 현대인에게 없으면 못 산다는 현대문명의 기기들이 '너/나'의 관계를 비정상적으로 유도하고 있는 현실을 시인은 고발한다. "관음觀陰의 문"이 상징하는 현대인의 타인의 방을 시인은 적나라하게 고발하면서 결론적으로 "나 아닌 것은 모두 너"가 아니고, "내가 네가 될 수 없고 네가 내가 될 수 없는 것"이 아니라 그 해법은 있다는 암시를 던져주고 있다. 이와 같은 경우가 "친구가 쓸쓸하다고 말한다/나도 쓸쓸하다고 말했다/(...) '쓸쓸하다'를 백번만 읊으면/쓸쓸하다는 생각을 잊어버린다"(「쓸쓸하다」)의 경우, 그리고 "너는 너의 길을 가고/나는 나의 길을 가고/(…)너는 너 뜻대로 살고/나는 내 뜻대로 살고/(…)우리가 꿈꾸는 영혼의 자유는/두려움 없는 용기와 지금 이 순간, 여기!"(「내 안의 조르바」)의 경우에도 모두 해당된다. 그러면 이제 '너/나'의 간극을 좁히고 '우리'가 되는 과정을 금동원 시인은 어떻게 생각하고 있을까.

나란히 걸어가는 숲길은 사려깊다
웃음과 웃음이 섞여 따뜻하고
가슴에 새겨지는 반짝이는 별빛

눈으로 웃고
마음으로 보면
사람 냄새 가득한 재잘거림이 종소리 같고

너와 내가 사라진 공간에는
우리라는 이름의 친구가 생겨
소박하게 터벅터벅 맑고 향기롭게
홀로 걷는다 해도 이 길 외롭지 않다

—「동행1」 전문

제주도 사려니 숲길에서의 명상이다. 아닌 게 아니라 사려니 숲길을 혼자 걸어도 좋지만 동행이 있어 나란히 걸어본 사람이면 누구나 이 "사려깊"은 숲길에서 "웃음과 웃음이 섞여 따뜻"함을 느끼지 않을 사람은 없을 것이다. 응당 "너와 내가 사라"지고 "우리라는 이름의 친구가 생"길 터이다. 그러기에 보라. "너와 내가" 비로소 "우리"라는 "맑고 향기"로운 관계가 이루어진다는 사실, 강화도에서 "우리는 우주의 한가운데서 있다"(「되돌이표」)는 사실을 시인은 체험하고 있다. 그뿐만이 아니다. "다른 공간의 다른 시간에서/같은 공간의 같은 시간에서/다른 공간의 같은 시간에서/같은 공간의 다른 시간에서"(「우연의 그림 앞에서」) 느끼는 "우리", 선정禪定과 지혜를 함께 닦는 "정혜쌍수定慧雙修"(「번개와 천둥」)를 갈망하는 "우리"라는 시인의 합일정신은 현대인들의 정신을 깨우치는 중요한 덕목으로 칭찬 받을 만하다. 결론적으로 금동원 시인의 성찰의 힘은 모든 삶의 풍경들을 세상에 내보이되 그것은 곧 따뜻함과 희망이라는 점에서 요즘 우리 시단이 갈망하는 덕목이 아닐 수 없다.

금동원 시집_ 우연의 그림 앞에서

초판 인쇄 | 2015년 11월 10일
초판 발행 | 2015년 11월 15일

—

지 은 이 | 금동원
회　　장 | 서정환
발 행 인 | 정종명
편집주간 | 차윤옥

—

펴낸곳 | 도서출판 계간문예
주소 | 03131 서울 종로구 삼일대로 32길 36 운현신화타워 305호
편집부 | 03132 서울 종로구 삼일대로 30길 21 종로오피스텔 808호
전화 | 02-3675-5633, 070-8806-4052
팩스 | 02-766-4052
이메일 | munin5633@naver.com
등록 | 2005년 3월 9일 제300-2005-34호
ISBN 978-89-6554-130-1 04810
ISBN 978-89-6554-118-9 (세트)

—

값 10,000원

—